OAMSJ Schouly

D1457988

HISTORIETAS Y PASATIEMPOS

LUIS LOPEZ RUIZ

HISTORIETAS
Y
PASATIEMPOS

Nivel I

GESSLER PUBLISHING CO., INC.
55 West 13th Street
NEW YORK N.Y. 10011

EDI-6 - EDELSA
General Oráa, 32 - 28006 MADRID

Portada e ilustraciones:
LUISMA VALENCIANO

1.ª edición 1986
2.ª edición 1988
3.ª edición 1991

© Luis López Ruiz
  EDI-6 - EDELSA
  Madrid, 1988

I.S.B.N.: 84-85786-97-1
Depósito legal: M. 2951–1991
Imprime: RUAN, S. A. - Avda. de la Industria, 33.
    Alcobendas - 28100 Madrid - O. 196.

UNA TAZA DE TE

Un hombre entra en un café y pregunta:
—¿Cuánto cuesta una taza de café?
—Cincuenta pesetas, señor.
—¿Y una taza de té?
—El mismo precio, señor.
—Bueno, quiero una taza de café.
Cuando el camarero trae el café, el hombre dice:
—Lo siento. Tengo otra idea. ¿Puedo cambiar el café por un té?
—Naturalmente, señor.
El camarero se va y, poco después, vuelve con el té. El hombre se bebe el té, se levanta y se va hacia la puerta.
—Un momento, señor —dice el camarero—. Vd. no ha pagado el té.
El hombre parece muy extrañado y dice:
—Pero, ¿por qué tengo que pagar el té? Lo he cambiado por un café.
—Sí, señor, pero Vd. no ha pagado el café.
—¿Y por qué voy a pagar la taza de café si no me la he bebido?
Entonces el hombre, tranquilamente, sale del café.

Preguntas

¿Cuánto cuesta una taza de café?
¿Y una taza de té?
¿Qué pide el señor primero?
¿Qué quiere cuando cambia de idea?
¿Cuándo trae el camarero el té?
¿Qué hace el señor mientras está sentado en la mesa?
¿Qué hace después de beberse el té?
¿Qué dice el camarero?
¿Qué contesta el señor?
¿Cómo sale el señor del café?

EN EL METRO

Jean es un joven francés que va solo en el Metro de Madrid. No sabe hablar español.

El tren se para en una estación y entra una señora de 40 años aproximadamente. En ese momento Jean se levanta y la señora, muy enfadada, le obliga a sentarse de nuevo:

—Muchas gracias, joven, pero no soy una vieja todavía.

En las tres estaciones siguientes se repite la misma situación: Jean se levanta y la señora le obliga a sentarse otra vez.

Un señor que va sentado al lado de Juan habla en francés con él. Después habla con la señora y le dice:

—Este joven quiere saber si es Vd. tan amable de dejarlo salir en la próxima estación. Desde que Vd. entró lleva ya cuatro estaciones queriendo bajar del tren, pero no puede. Vd. no le deja.

Preguntas

¿Quién es Jean?
¿Dónde está?
¿Va con alguien?
¿Dónde para el tren?
¿Qué edad tiene la señora que entra?
¿Qué hace Jean entonces?
¿Qué le dice la señora?
¿Qué ocurre en las tres estaciones siguientes?
¿Con quién habla Jean?
¿Qué le dice el señor a la señora?

LAS TRES PREGUNTAS DEL REY

Federico el Grande tenía un gran ejército con muchos soldados extranjeros. El rey hablaba mucho con ellos.

Había un soldado joven que no podía hablar alemán. Otro soldado más viejo le dijo:

—No debes tener miedo. El rey siempre hace las mismas preguntas: ¿Qué edad tienes? ¿Cuántos años hace que estás aquí? ¿Te gustan tu salario y tu comida?

Y el soldado viejo le dijo:

—Yo te enseñaré a contestar esas preguntas.

Un día, en una visita, el rey se paró delante del soldado joven y le preguntó:

—¿Cuántos años hace que estás aquí?

—Veinte, señor.

El rey se extrañó mucho y volvió a preguntar:

—¿Qué edad tienes?

—Dos meses, Señor.

—¿Crees que soy tonto o sordo?

—Las dos cosas, Señor —contestó el soldado sin entender por qué gritaba el rey, muy enfadado. Entonces el soldado más viejo explicó lo que ocurría. El rey empezó a reirse y le dijo:

—Ahora entiendo, muchacho, pero tienes que aprender a hablar alemán.

Preguntas

¿Qué tenía Federico el Grande?
¿Sabía hablar alemán el soldado joven?
¿Qué le dijo otro soldado más viejo?
Y, ¿qué le enseñó?
¿Qué preguntó el rey primero?
¿Y después?
¿Qué contestó el soldado a la tercera pregunta?
¿Por qué gritaba el rey?
¿Quién explicó lo que ocurría?
¿Qué dijo el rey al final?

UNA MUJER MUY DIFICIL

El Sr. García es un hombre muy bueno y muy tranquilo. Está casado y siempre quiere tener contenta a su mujer. Pero el Sr. García dice que, algunas veces, es muy difícil resultar agradable con ella. Es una mujer muy extraña y el Sr. García nunca sabe lo que quiere.

El día de Navidad su mujer le compró dos corbatas muy bonitas, una roja y otra azul. Antes de acostarse, el Sr. García decidió ponerse una de las corbatas al día siguiente. Así que, para tenerla contenta, se puso la corbata roja cuando se vistió y entró en el comedor muy feliz a la hora del desayuno.

—¡Buenos días! ¿Cómo estás? —dijo él, muy amable.

Su mujer no le contestó. Lo miró muy enfadada y, después de unos minutos sin hablar, le preguntó, gritando:

—¿Qué le pasa a la corbata azul? ¿No te gusta?

Preguntas

¿Cómo es el Sr. García?
Y su mujer, ¿cómo es?
¿Qué le regaló su mujer el día de Navidad?
¿De qué color eran las corbatas?
¿Cuál se puso el Sr. García al día siguiente?
¿Para qué se la puso?
¿Cuándo entró el Sr. García en el comedor?
¿Qué le dijo a su mujer?
Y su mujer, ¿qué hizo?
¿Qué le preguntó después?

EN UNA HABITACION SIN LUZ

Hace ya muchos años, cuando no había luz eléctrica, dos amigos, Pedro y Juan, decidieron hacer un viaje. Llegaron a un pequeño hotel y fueron a acostarse porque estaban muy cansados. En el momento de entrar en la habitación, el viento apagó la luz que llevaban en la mano. Tuvieron que acostarse a oscuras, es decir, sin luz.

La habitación tenía dos camas y ellos creían que cada uno se había metido en una cama distinta. Pero estaban los dos en la misma. Pedro tenía la cabeza al lado de los pies de Juan y la cabeza de Juan estaba muy cerca de los pies de Pedro.

Poco después, Pedro dijo:

—¿Sabes una cosa? Creo que hay un hombre en mi cama.

Y Juan contestó:

—En la mía también.

Se pegaron unos golpes y Juan dijo:

—El hombre que estaba en mi cama me ha tirado al suelo.

Pedro contestó:

—A mí también.

Preguntas

¿Cuándo decidieron Pedro y Juan hacer un viaje?

¿Dónde durmieron?

¿Qué pasó en el momento de entrar en la habitación?

¿Cuántas camas tenía la habitación?

¿Dónde tenía Juan la cabeza?

¿Y Pedro?

¿Qué dijo Pedro?

¿Y Juan?

¿Qué pasó entonces?

¿Quién cayó al suelo?

TRANSPORTE BARATO

En las grandes ciudades las distancias son muy largas y la gente, generalmente, no puede ir andando de un sitio a otro. Todo está demasiado lejos. Por eso hay que utilizar los transportes públicos: el metro, el autobús o el taxi. Y la gente gasta mucho dinero todos los días comprando los billetes del metro o del autobús o utilizando un taxi. Naturalmente, si Vd. va andando ahorra el dinero, es decir, no se lo gasta en los transportes.

Una mañana, al llegar a la oficina, Antonio dice muy contento a su amigo Manuel:

—Hoy he ahorrado cuarenta pesetas. En vez de comprar el billete del autobús he venido corriendo detrás de él. Así me he ahorrado las cuarenta pesetas.

Su amigo le contesta:

—Yo me he ahorrado mucho más.

—¿Sí? ¿Por qué?

—Porque he venido corriendo detrás de un taxi.

Preguntas

¿Cómo son las distancias en las grandes ciudades?
¿Puede ir la gente andando de un sitio a otro?
¿Cuáles son los transportes públicos?
¿Cómo gasta la gente mucho dinero todos los días?
¿Cómo puede ahorrar dinero?
¿Quién es el amigo de Antonio?
¿Dónde trabajan?
¿Cuánto dinero ha ahorrado Antonio?
¿Cómo ha ido a la oficina?
Y Manuel, ¿cómo ha ido?

UN BILLETE DE 5.000 PESETAS

En un cine de una gran ciudad están poniendo un film muy bueno y muy famoso. Es domingo por la tarde y la sala está llena de gente.

En el momento más interesante se para la proyección y aparece un aviso que dice:

—Hemos encontrado un billete de 5.000 pesetas en la puerta del cine. La persona que perdió este dinero puede ir a la puerta y allí se lo devolveremos.

Poco después, un señor viene tranquilamente por la calle con su mujer. Piensa comprar entradas para la función de la noche. Cuando llega al cine ve que hay una cola muy grande de personas y pregunta:

—Por favor, ¿es ésta la cola de las personas que quieren sacar entradas para el cine?

Y le contestan:

—No, señor; ésta es la cola de los que han perdido un billete de 5.000 pesetas.

Preguntas

¿Dónde está el cine?
¿Cómo es el film?
¿Qué día es?
¿Qué hora es?
¿Cuándo aparece el aviso?
¿Qué dice el aviso?
¿Quién viene a sacar las entradas para la función de la noche?
¿Qué ve cuando llega a la puerta del cine?
¿Qué pregunta?
¿Qué le contestan?

EL TIEMPO

El señor Pérez está visitando una casa en el campo. La casa le gusta y la quiere comprar. Lo mira todo con mucho interés y cuando ya ha visto la cocina, el cuarto de baño, el salón y las habitaciones, sale de la casa y se para en la puerta a mirar los árboles y los jardines que hay al lado de la casa. Entonces ve que, en la puerta, hay una cuerda. No sabe para qué está allí. Y pregunta:
—Y esta cuerda, ¿para qué es?
—Es para saber el tiempo que hace, señor.
—¡Ah! ¿Y cómo se sabe?
—Es muy fácil. Si se mueve es porque hace viento y el aire la lleva de un sitio para otro. Y si está mojada es porque va a llover.
—¡Ah! ¿Y cómo sé cuando hace buen tiempo?
—Cuando hace buen tiempo Vd. no necesita mirar la cuerda. Es suficiente con ver el sol.

Preguntas

¿Qué está visitando el Sr. Pérez?
¿Qué quiere hacer?
¿Qué ve dentro de la casa?
¿Y en la puerta?
¿Para qué es la cuerda?
¿Qué pasa cuando hace viento?
¿Y cuando va a llover?
¿Está seca la cuerda cuando va a llover?
¿Es necesario mirar la cuerda cuando hace buen tiempo?
¿Por qué?

EN UN BARCO

El capitán del barco lleva a Mr. Stevenson hasta una mesa del comedor donde está sentado un señor español. Cuando Mr. Stevenson llega, el señor español se levanta muy amable y dice:

—Buen provecho. —Luego se sienta de nuevo sin decir nada. El señor que llevó el capitán, muy amable también, dice:

—Stevenson. —Y se sienta.

Durante tres días, la escena se repite igual. El señor español siempre dice:

—Buen provecho.

Y el otro señor contesta:

— Stevenson.

Al cuarto día, el Sr. Stevenson cuenta a sus amigos lo que pasa. Y dice:

—Todo es muy extraño. Lo único que sé seguro es que mi amigo español se llama Buen provecho.

—No —le dice otro de los amigos—. Buen provecho no es un nombre, sino una forma muy educada de saludar cuando una persona llega a donde otra está comiendo.

—¡Ah, bueno! ¡Ahora comprendo! —dice el Sr. Stevenson.

Al día siguiente, cuando llega a la mesa del español, dice:

—Buen provecho.

Entonces el español se levanta y contesta:

—Stevenson.

Preguntas

¿Con quién va el capitán del barco?
¿Quién está sentado en el comedor?
¿Qué dice cuando llega el Sr. Stevenson?
¿Qué hace después?
¿Se sienta también el Sr. Stevenson?
¿Cuántos días se siguen diciendo lo mismo?
¿Qué pasa el cuarto día?
¿Qué dice Stevenson?
¿Cómo saluda cuando llega a la mesa?
¿Qué contesta el Sr. español?

LOS SALUDOS DEL SEÑOR PRESIDENTE

El Presidente del país tiene siempre muchos actos oficiales a los que asistir. Y, naturalmente, tiene que saludar a mucha gente.

Un día, la secretaria particular del Presidente de un país de Europa le preguntó:

—Señor Presidente: ¿Qué le dice Vd. a los demás cuando los saluda?

—Bueno, más o menos les digo a todos casi igual. Por ejemplo: «¿Cómo está Vd.?, o Mucho gusto en saludarle, etc.». Pero creo que ellos ni se enteran. Esta noche, en la recepción oficial, voy a ver si ellos escuchan lo que les digo.

Aquella noche, cuando el Presidente saludaba a todos los invitados, les repetía:

—Buenas noches. Esta mañana he matado a mi mujer.

Todos contestaban, nerviosos y felices, pero con mucha naturalidad, sin que nadie estuviese extrañado por lo que había dicho el Presidente. Solamente una persona entendió lo que el Presidente decía y le contestó rápidamente:

—Tendría Vd. razones suficientes para hacerlo, ¿no?

Preguntas

¿A dónde tiene que asistir muchas veces el Presidente de un país?
¿A quién saluda?
¿Qué le preguntó un día su secretaria?
¿Qué contestó el Presidente?
¿Se entera la gente de lo que dice el Presidente?
¿Qué hizo el Presidente en la recepción de por la noche?
¿A quién decía que había matado?
¿Cómo contestaban todos?
¿Entendió alguien lo que el Presidente decía?
¿Qué le contestó?

BEBER DEMASIADO

Beber un poco de vino puede ser bueno. El vino bueno es muy agradable y no está mal que Vd. beba un poco, especialmente con las comidas. Pero beber mucho siempre es malo. Y si Vd. bebe muchísimo es un borracho. Cuando una persona está borracha no puede pensar bien, ni sabe lo que dice. Eso es lo que le pasa generalmente a Iñigo. Todos los días bebe demasiado y siempre acaba borracho.

Una noche Iñigo está en la puerta del bar. Ha bebido tanto que casi no puede andar. En ese momento pasa una chica por la calle. La chica realmente no es bonita: es muy baja, gorda y tiene los pies muy grandes. Iñigo la mira y le dice:

—¡Fea!

La chica, muy enfadada, le contesta gritando:

—¡Borracho!

—¡Si! ¡Pero eso mañana se pasa!

Preguntas

¿Es malo beber un poco de vino?
¿Cuándo es mejor que Vd. beba un poco de vino?
¿Es malo beber mucho?
¿Qué pasa cuando Vd. bebe muchísimo?
¿Pueden hablar bien los borrachos?
¿Bebe mucho Iñigo?
¿Quién pasa por la calle cuando Iñigo está en la puerta del bar?
¿Cómo es la chica?
¿Qué le dice la chica a Iñigo?
¿Qué le contesta éste?

SOMBREROS

Ramón y Ramiro son muy buenos amigos. A los dos les gusta mucho pasear por el campo y ver las flores y las plantas. Un día salen de paseo y llegan a un lugar que está cortado verticalmente. El paisaje es extraordinario. Ramón mira para abajo y dice:

—Ahí cerca hay unas flores muy bonitas. Si coges una cuerda fuertemente con las dos manos, yo puedo bajar por las flores.

Pero bajar por la cuerda es muy difícil y, a la mitad del camino, se le cae el sombrero. Entonces dice:

—Ramiro, voy a bajar del todo porque se me ha caído el sombrero.

A Ramón, que está arriba haciendo mucha fuerza, se le cae el suyo al mismo tiempo y contesta:

—Sí, pero espera un momento que voy a coger el mío, que también se me ha caído.

Ramiro, desde arriba, suelta la cuerda, coge el sombrero y se lo pone. Entonces le dice a su amigo:

—Ya lo tengo puesto. ¿Y tú?

Ramón no contesta. Ya no necesita sombrero.

Preguntas

¿Quiénes son muy buenos amigos?
¿Qué les gusta mucho hacer?
¿Cómo es el paisaje en el lugar donde están?
¿Qué dice Ramón cuando mira para abajo?
¿Qué le pasa a Ramón cuando baja por la cuerda?
Y a Ramiro, ¿qué le pasa al mismo tiempo?
¿Qué dice Ramón?
¿Qué contesta Ramiro?
¿Quién se pone el sombrero primero?
Y Ramón, ¿por qué no se lo pone?

EN LA GUERRA

La guerra ha terminado hace muy pocos días. Miguel y Benito están sentados en el bar del pueblo hablando con otros amigos. Los dos han sido soldados en la guerra. Uno de los amigos pregunta:

—¿Qué has hecho en la guerra, Miguel?

—¡Oh! Muchas cosas. Verás: un día maté a más de cien hombres. Y otro día gané yo solo un combate contra casi doscientos soldados enemigos. El último día de la guerra hice caer a tierra a un avión contrario.

Durante casi dos horas, Miguel siguió contando todas las cosas que había hecho en la guerra. Benito estaba a su lado sin decir nada. Entonces otro amigo le pregunta:

—Y tú, Benito, ¿no has hecho nada en la guerra?

Y Benito contesta tranquilamente:

—No. Todo lo hizo éste.

Preguntas

¿Cuándo ha terminado la guerra?
¿Dónde están sentados Miguel y Benito?
¿Qué están haciendo?
¿Qué le pregunta un amigo a Miguel?
¿Cuántos hombres dice Miguel que mató en un solo día?
¿Contra quién dice que ganó un combate otro día?
¿Cuándo dice que hizo caer un avión a tierra?
¿Durante cuánto tiempo siguió hablando Miguel?
¿Qué le preguntaron a Benito?
¿Y qué contestó?

TRES HISTORIAS CORTAS

Ojos

Una señora dice a su amiga:
—Mi hijo tiene los mismos ojos que su padre.
Y su amiga le pregunta:
—Entonces, ¿cómo pueden ver los dos al mismo tiempo?

La última frase

Dos hombres llegan al cielo el mismo día. Uno de ellos le pregunta al otro:
—¿Cuál ha sido la última frase que has escuchado en la tierra antes de venir aquí?
—Fue una frase que dijo mi mujer —contesta el segundo de los hombres tranquilamente.
—¿Y qué dijo?
—Déjame conducir el coche un momento, por favor.

Vestidos

El policía pregunta al hombre que está detenido:
—¿Por qué ha robado Vd. dos veces seguidas en la misma tienda?
—Es muy sencillo, señor policía —contesta el hombre—. La primera noche robé un vestido para mi mujer. Era rojo y a ella no le gustaba. Entonces fui a cambiarlo por otro.

Preguntas

¿Qué dice una señora a su amiga?
¿Qué le contesta la amiga?
¿Dónde estaban los dos hombres antes de llegar al cielo?
¿Cuál fue la última frase que escuchó uno de ellos?
¿Escuchó algo más después?
¿Por qué?
¿Qué pregunta el policía?
¿Qué robó el hombre el primer día?
¿Le gustó el vestido a la mujer?
¿Qué hizo el hombre entonces?

EL SEÑOR SANCHEZ Y SUS AMIGOS

Un chiste es una historia corta y divertida que hace reir a los demás. El señor Sánchez va todos los días a un café con un grupo de amigos. Todos cuentan cosas divertidas y se ríen mucho. Entonces el señor Sánchez dice:

—Yo también sé un chiste... —Pero nunca puede decir nada más porque todos los amigos se van.

Ayer, después de hablar todos de muchas cosas y de reirse bastante, el señor Sánchez dijo:

—Yo también sé un chiste... —Como siempre, todos los amigos se levantaron y se fueron. El señor Sánchez cogió a uno de sus amigos por el brazo y le preguntó:

—¿Por qué se van todos cuando digo que sé un chiste?

—Porque sabemos que Vd. no miente. Vd. dice que sabe un chiste y es verdad. Yo también lo sé. Y ése. Y aquél. Algunos lo saben desde hace veinte años. ¡Es siempre el mismo!

Preguntas

¿Qué es un chiste?
¿Dónde va el Sr. Sánchez todos los días?
¿Qué cuentan todos los amigos?
¿Qué dice el Sr. Sánchez?
¿Y qué hacen los demás?
¿Qué hizo el Sr. Sánchez ayer cuando se iban todos?
¿Qué le preguntó?
¿Qué le contestó el amigo?
¿Cuántos chistes sabe el Sr. Sánchez?
¿Desde cuando lo saben algunos amigos?

EL PARAGUAS

Cuando llueve es necesario utilizar un paraguas. Lo abrimos, lo ponemos sobre la cabeza y ya no nos mojamos. Luego, cuando llegamos a casa, lo cerramos y lo guardamos.

Don Julio se ha comprado un paraguas nuevo. El primer día que llueve sale a la calle y no se moja. El paraguas es negro con el mango de madera. El mango es la parte superior del paraguas por donde lo cogemos con la mano.

Al llegar a casa algo no funciona bien y Don Julio no puede cerrarlo. Entonces va a la tienda donde lo compró y le dice al empleado:

—He comprado aquí este paraguas hace unos días, pero ahora no puedo cerrarlo. ¿Qué le pasa?

El empleado lo mira y le dice:

—Es que el mango es de madera y con el agua de la lluvia se ha hinchado, ¿comprende Vd.? Es decir, se ha puesto más grande.

—Entonces, ¿qué puedo hacer?, pregunta Don Julio.

—Es muy fácil: si ve Vd. que llueve, no utilice el paraguas.

Preguntas

¿Qué necesitamos utilizar cuando llueve?
¿Dónde llevamos el paraguas?
¿Quién ha comprado un paraguas nuevo?
¿De qué color es el paraguas?
Y el mango, ¿de qué es?
¿Qué le pasa a Don Julio cuando vuelve a casa?
¿Por qué no puede?
¿Qué hace entonces Don Julio?
¿Qué pregunta Don Julio?
¿Y qué le contesta el empleado?

EXAMEN

Los alumnos que quieren llegar a ser médicos estudian en la Facultad de Medicina. Naturalmente, unos estudian más y otros menos. Y, también, unos saben más y otros menos.

Una de las asignaturas más difíciles en la Facultad donde estudia nuestro amigo Felipe Alvarez es la de Otorrinolaringología.

Cuando llegó el día del examen, Felipe Alvarez llegó a la Facultad muy nervioso. Sabía poquísimo. Podemos decir que no sabía nada. Empezó el examen y el profesor le preguntó la lección 20 y la 15, y la 2. Felipe no contestaba nada. No sabía decir ni una palabra de todas aquellas lecciones. Entonces el profesor, un poco cansado, le preguntó:

—¿Cómo viene Vd. así a un examen? ¿Cree que es posible pasar de esta forma el examen de Otorrinolaringología?

—Y Felipe Alvarez dice:

—Oto..., ¿qué?

Preguntas

¿Dónde estudian los alumnos que quieren ser médicos?
¿Estudian todos igual?
¿Saben todos los mismo?
¿Cómo se llama nuestro amigo?
¿Cuál es una de las asignaturas más difíciles en su Facultad?
¿Cómo llegó Felipe Alvarez a la Facultad el día del examen?
¿Sabía mucho?
¿Qué lecciones le preguntó el profesor?
¿Qué contestó Felipe?
¿Qué dijo Felipe cuando el profesor le preguntó si era posible pasar de esa forma el examen de Otorrinolaringología?

EN EL CIRCO

Ya sabemos que el circo es un espectáculo alegre y divertido, con música, bailes, saltos y... ¡animales! Los animales no pueden faltar en un circo: elefantes, caballos, tigres...

Un día un artista fue a hablar con el director de un circo muy famoso y le dijo:

—Tengo un número sensacional. Es algo verdaderamente distinto a todo lo que hemos visto hasta ahora.

El director lo miraba muy serio y le preguntó:

—¿Sí? ¿Cómo es?

—¡Ah! Es un número completamente nuevo y diferente, que va a tener mucho éxito.

El director, un poco enfadado ya, le preguntó otra vez:

—Pero, ¿cómo es?

—Yo presento a un león jugando con una oveja.

—Eso es muy interesante —dijo el director—. ¿Cuánto dinero quiere Vd. ganar?

—Cinco mil pesetas diarias para mí y otras diez mil para gastos.

—¿Qué gastos? —pregunta el director.

—Los gastos del transporte, la comida de los animales y... ¡para comprar una oveja nueva cada día!

Preguntas

¿Cómo es el espectáculo del circo?
¿Hay animales en el circo?
¿A quién fue a ver un artista un día?
¿Qué le dijo al director?
¿Qué preguntó el director?
¿Con qué número quería presentarse el artista?
¿Tenía animales?
¿Cuánto quería cobrar todos los días?
¿Qué cantidad era para él?
¿Cuáles eran los gastos?

EN LA FARMACIA

Juanito vive en un pueblo pequeño. El pueblo, naturalmente, tiene pocos habitantes y todo el mundo lo conoce muy bien. Podemos decir que Juanito tiene muchos amigos.

Un día Juanito va a la farmacia a comprar una medicina porque su hermano está enfermo. Cuando llega dice:

—Buenos días, Don Román.

—Hola, Juanito. ¿Estás malo? ¿Qué quieres?

—Quiero esta medicina, por favor. Mi mamá me ha dicho que la compre aquí.

—Muy bien, hombre —dice Don Román. Y luego grita:

—¡Felipe!: trae esta medicina para Juanito.

—Es para mi hermano, Don Román —dice Juanito.

—¡Felipe! —dice de nuevo Don Román—: tiene que ser de las especiales para hermanos.

Preguntas

¿Dónde vive Juanito?
¿Tiene muchos habitantes el pueblo?
¿Cuántos amigos tiene Juanito?
¿Qué va a comprar Juanito en la farmacia?
¿Para quién es?
¿Quién le ha dicho que la compre allí?
¿Cómo se llama el señor de la farmacia?
¿Hay alguien más que trabaja también en la farmacia?
¿Qué le dice Juanito a Don Román?
¿Y Don Román a Felipe?

TRES HISTORIAS CORTAS

Mala memoria

Un señor que tiene muy mala memoria llama por teléfono y pregunta:
—¿Está en casa la señora de... de...? ¡Bueno, no recuerdo su nombre!
—¡Bah! ¡No tiene importancia! La señora no está.

El Señor González

—¿Qué tal, Sr. González? ¿Cómo está Vd.? Lo encuentro a Vd. muy cambiado.
—Perdone: es que yo no soy el Sr. González.
—¿Cómo...? ¿Ha cambiado Vd. también de nombre?

Amigos importantes

Antonio dice:
—Lo he pasado muy bien en mi último viaje a Inglaterra. La reina me ha invitado a comer dos veces.
—Sí, ya lo sé —contesta su amigo Luis—. Me lo ha dicho en la carta que me escribió la semana pasada.

Preguntas

¿Cómo tiene la memoria el Sr. que llama por teléfono?
¿Recuerda el nombre de la señora a la que quiere llamar?
¿Qué le contestan?
¿Cómo saluda el señor en la calle al señor que se encuentra?
¿Es realmente el Sr. González que encuentra?
¿Cómo lo ha pasado Antonio en su último viaje?
¿Dónde dice que ha estado?
¿Con quién dice que ha comido?
¿Cuántas veces?
¿Por qué dice el otro amigo que lo sabe?

EN EL HOTEL

El señor Pérez tiene que viajar mucho por su trabajo, pero le gusta gastar poco dinero. Piensa que es mejor vivir comiendo en restaurantes baratos, durmiendo en hoteles de poca categoría y viajando en la clase más económica de los trenes. El señor Pérez es más feliz cuando hace las cosas así.

Un día el señor Pérez llega a una ciudad nueva para él. Va a un hotel y pregunta en la recepción:

—Por favor, ¿cuánto cuesta dormir en una habitación?

El empleado le contesta:

—Eso depende, señor. Las habitaciones del piso primero cuestan 5.000 pesetas una noche; las del piso segundo, 4.000; las del tercero, 3.000...

—Ya entiendo —dice el señor Pérez—, y ¿cuántos pisos tiene este hotel?

—Cinco, señor.

—Entonces... voy a buscar otro hotel un poco más alto.

Preguntas

¿Tiene que viajar mucho el señor Pérez?
¿Por qué?
¿Cuánto dinero le gusta gastar?
¿Dónde viaja?
¿A dónde va cuando llega a una ciudad nueva para él?
¿Qué pregunta?
¿Dónde lo pregunta?
¿Qué le contestan?
¿Cuántos pisos tiene el hotel?
¿A qué otro hotel quiere ir el señor Pérez?

AGENCIA NUEVA

Una Agencia nueva se acaba de instalar en una ciudad muy moderna. Inmediatamente hacen una gran publicidad. El nombre de la Agencia aparece en los periódicos, en la radio, en la televisión... Un día mandan muchas cartas a casi todas las personas que viven en la ciudad. Entre otras cosas, las cartas dicen: «Puede Vd. pedir por teléfono todas las cosas que necesite y en cualquier momento. Nosotros se lo llevaremos todo enseguida».

Una de las personas que recibe una de esas cartas habla con otros amigos y, entre todos, deciden pedir algo muy raro y a una hora muy extraña. Llaman por teléfono a las cinco de la mañana y dicen:

—Por favor, ¿pueden Vdes. mandarnos un elefante?

El empleado de la Agencia contesta:

—¿Lo quieren Vdes. asiático o africano?

Preguntas

¿Qué se acaba de instalar en la ciudad?
¿Cómo es la ciudad?
¿Dónde aparece la publicidad de la Agencia?
¿Qué manda la Agencia a las personas que viven en la ciudad?
¿Qué dicen las cartas?
¿A qué hora se pueden pedir las cosas?
¿Qué hace una de las personas que recibe una de esas cartas?
¿Qué deciden pedir?
¿A qué hora lo piden?
¿Qué contesta el empleado?

DON RAIMUNDO Y EL TABACO

Fumar mucho es malo. Podríamos decir que fumar nunca es bueno, aunque Vd. fume poco. Lo mejor que podemos respirar es aire puro. Pero a mucha gente le gusta mucho fumar. Como a Don Raimundo, un señor gordo de cuarenta años que está siempre fumando. Tiene un cigarrillo en la boca a todas horas. Cuando termina uno, inmediatamente enciende otro. Su mujer le dice que eso es muy malo. Y sus hermanos. Y sus amigos. Pero él sigue igual.

Un día su mujer lo lleva al médico.

—Mi marido fuma sin parar, doctor —dice Doña Clotilde, la mujer de Don Raimundo.

—Amigo mío, fumar mucho es muy malo —le dice el médico—. Es algo que va acabando poco a poco con su vida.

—Bueno, ¡no importa! —contesta Don Raimundo— Yo no tengo prisa.

Preguntas

¿Es bueno fumar?
¿Qué es lo mejor que podemos respirar?
¿Le gusta fumar a mucha gente?
¿Y a Don Raimundo?
¿Cómo es Don Raimundo?
¿Qué le dice su mujer?
¿Y sus hermanos y sus amigos?
¿A dónde lo lleva su mujer?
¿Qué le dice el médico?
Y él, ¿qué contesta?

EL FUTURO DEL NIÑO

Es natural que los padres estén siempre pensando en el futuro de sus hijos. La vida es muy difícil y hay que intentar encontrar soluciones para el futuro de los hijos. Por eso, casi todos los padres quieren aconsejar a sus hijos, es decir, quieren decirles cuáles son las cosas que deben o pueden hacer mejor para el futuro.

Un día encontramos a dos señores que hablan del futuro de sus hijos. Uno de ellos dice:

—¿Qué va a ser tu hijo cuando sea mayor?

—No lo sé, pero estoy seguro de que va a llegar a ser muy famoso.

—¿Sí? ¿Por qué?

—Porque cuando empieza a hablar nunca sabe lo que va a decir; mientras está hablando no sabe lo que dice y, cuando termina de hablar, no recuerda nada de lo que ha dicho.

Preguntas

¿En qué están siempre pensando los padres?
¿Cómo es la vida?
¿Qué intentan encontrar los padres para el futuro de sus hijos?
¿Qué quieren los padres aconsejar a sus hijos?
¿Cuántos señores encontramos un día hablando de sus hijos?
¿Qué dice uno de ellos?
¿Qué contesta el otro?
¿Sabe el hijo lo que va a decir cuando empieza a hablar?
¿Qué le pasa mientras está hablando?
¿De qué se acuerda cuando termina de hablar?

TRES HISTORIAS CORTAS

En el café

Un señor entra en un café y pregunta:
—¿Ha venido por aquí un señor con abrigo, ni muy alto ni muy bajo, de unos treinta y cinco o cuarenta años?
—¿Con corbata y zapatos? —contesta el empleado.
—Sí, eso es.
—Sí; un señor así ha venido por aquí hoy cincuenta o sesenta veces. Y todos los días.

La clase de Educación Física

El profesor de Educación Física está delante de los alumnos y dice:
—Levanten todos la pierna derecha.
Todos lo hacen así menos uno, que se equivoca y levanta la pierna izquierda. Entonces el profesor, muy extrañado, dice:
—¿Quién es ese tipo extraño que está en el aire con las dos piernas levantadas?

En la Central de Teléfonos

Un señor está intentando hablar con un amigo en la Central de Teléfonos, pero no puede porque no oye. Entonces habla con la empleada y le dice:
—No sé lo que pasa. No oigo nada.
—¿En qué teléfono estaba Vd. hablando?
—¿Cómo dice?
—¿Que desde qué teléfono estaba Vd. hablando?
—¿Cómo dice?

Preguntas

¿Qué pregunta el señor que entra en el café?
¿Qué contesta el empleado?
¿Cuántas veces va un señor así por el café todos los días?
¿Qué profesor da la clase?
¿Qué dice a los alumnos?
¿Qué hace uno de ellos?
¿Qué dice entonces el profesor?
¿Dónde está hablando un señor por teléfono?
¿Qué le pasa?
¿Por qué?

ASCENSOR

El ascensor es muy útil en las casas altas. Si Vd. tiene que subir cinco o seis pisos por la escalera, se cansa mucho. Es mucho mejor coger el ascensor y subir tranquilamente.

Sin embargo, no siempre se puede ir tan tranquilamente porque, algunas veces, se para y empiezan los problemas. Eso es lo que pasó ayer en la casa donde vivo. El ascensor dejó de funcionar y llamaron a un técnico. Unas horas más tarde volvió a la casa un señor que vive en el piso tercero. Subió por la escalera y, cuando iba por la mitad. escuchó unos gritos. El señor se acercó al ascensor y vio que había un hombre dentro, que no podía salir. Era el que gritaba. Entonces el señor del piso tercero le dijo:

—Espere un poco. Ya hemos llamado a un técnico.

Y el hombre que estaba dentro del ascensor le contestó:

—Sí, ya lo sé. Soy yo.

Preguntas

¿Dónde es muy útil el ascensor?

¿Qué pasa si tiene Vd. que subir cinco o seis pisos por la escalera?

¿Se puede subir siempre tranquilamente en el ascensor?

¿Por qué?

¿Dónde se paró ayer el ascensor?

¿A quién llamaron cuando dejó de funcionar?

¿Quién volvió a la casa unas horas más tarde?

¿Subió en el ascensor?

¿Qué escuchó cuando iba por la mitad?

¿Quién estaba dentro del ascensor?

MALA INTENCION

Pedrito era muy mal estudiante. Estaba siempre jugando y estudiaba poquísimo. Cuando llegó el momento de examinarse Pedrito no contestó nada. Naturalmente, no pasó el examen y tuvo que repetir el curso.

Al año siguiente Pedrito se examinó de nuevo y tampoco contestó a las preguntas del profesor. Cuando llegó a su casa, su padre se enfadó mucho al conocer el resultado del examen y le dijo que lo iba a castigar.

—Yo creo que ha habido mala intención, papá, dijo el chico.

—¿Mala intención? ¿Por qué?

—Me ha examinado el mismo profesor del año pasado y me ha preguntado otra vez lo mismo.

—Bueno, ¿y qué? —dijo el padre.

—El profesor ya sabía que yo eso no lo sé.

Preguntas

¿Era buen estudiante Pedrito?
¿Qué estaba haciendo siempre?
¿Qué contestó en el momento del examen?
¿Qué pasó entonces?
¿Cuándo se examinó de nuevo?
¿Contestó las preguntas del profesor?
¿Qué pasó cuando llegó a su casa?
¿Qué le dijo su padre?
¿Y qué le dijo él a su padre?
¿Por qué?

EN LA MONTAÑA

Es verano en una montaña de Castilla. Son las doce del mediodía. Un señor sube en coche la montaña. Va muy despacio. Está muy cansado y tiene mucha sed. El camino es malo y estrecho. Lleva muchas horas en el coche sin encontrar a nadie. Por fin encuentra a alguien y pregunta, después de parar el coche:

—Por favor, ¿falta mucho para llegar a lo alto de la montaña? Tengo mucho calor, me gustaría poder beber algo y, además, el coche no anda bien.

—Sí, ya comprendo —dice la persona que ha encontrado. Y añade:—. Ya le queda muy poco. El camino acaba pronto y enseguida encontrará Vd. el pueblo. Allí puede beber lo que quiera.

—Es que el coche anda tan mal... —insiste el conductor.

—Sí, claro; no me extraña. ¿Se ha dado Vd. cuenta de que no tiene ruedas?

Preguntas

¿Por dónde va el señor en el coche?
¿Hace frío?
¿Tiene sed?
¿Cómo es el camino?
¿Cuánto tiempo lleva en el coche?
¿Qué le gustaría poder hacer?
¿Qué le dice la persona que encuentra?
¿Está lejos el pueblo?
¿Cómo anda el coche?
¿Por qué?

TRES HISTORIAS DE MEDICOS

—Estoy muy preocupado, Doctor. Todas las mañanas me levanto y voy a comprarle comida al gato.
—¡Hombre! ¡Eso no es grave!
—Doctor, es que... ¡yo no tengo gato!

—Doctor, no oigo bien. Creo que soy sordo.
—¡Bah! Yo también soy sordo. Posiblemente más sordo que Vd.
—¿Qué?
—¡Que creo que soy más sordo que Vd.!
—¿Qué?
—¡¡Que yo soy más sordo que Vd.!!
—¿Qué?
—¡¡¡Que Vd. es más sordo que yo!!!

El Sr. Martínez ha tenido un accidente y está medio muerto en el hospital. El médico le pregunta:
—¿Qué? ¿Le duele mucho?
—No, Doctor —contesta el Sr. Martínez—. Sólo cuando me río.

Preguntas

¿Por qué está preocupado el señor que va a ver al médico?
¿Qué le dice el médico?
¿Qué contesta él?
¿Es sordo el segundo señor que va a ver al médico?
¿Qué le dice el médico a él?
¿Oye lo que le dice el médico?
¿Qué termina diciendo el médico?
¿Qué le ha pasado al Sr. Martínez?
¿Dónde está?
¿Le duele mucho?

EN EL RESTAURANTE

A Don Fulgencio le cuesta siempre muchísimo trabajo gastarse el dinero. Una noche fue a cenar con su mujer. Llegaron al restaurante y la señora preguntó:

—¿Cuál es la especialidad de la casa?

—Carne con patatas, señora.

—Muy bien: traiga carne con patatas para dos, por favor.

Inmediatamente Don Fulgencio preguntó:

—¿Cuánto cuesta la carne con patatas?

—Novecientas pesetas, señor.

—¿Los dos o cada uno?

—Cada uno, señor.

—¿Y la carne sola, sin patatas?

—Lo mismo, señor: novecientas pesetas.

—Bien; entonces traiga las patatas para los dos.

Preguntas

¿A quién le cuesta muchísimo trabajo gastarse el dinero?

¿A dónde fue una noche?

¿Con quién fue?

¿Cuál era la especialidad de la casa?

¿Qué pidió la señora?

¿Y qué preguntó inmediatamente Don Fulgencio?

¿Cuánto costaba la carne con patatas?

¿Para los dos o sólo para uno?

¿Cuánto costaba la carne sola, sin patatas?

¿Qué pidió finalmente Don Fulgencio?

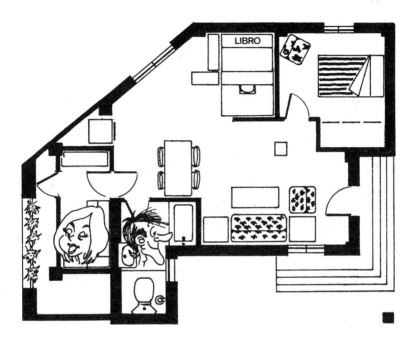

¿Dónde está Carmen? Carmen está en la cocina.
¿Dónde está Juan?...
¿Está la cama en el cuarto de estar?.......................................
¿Quién está en la cocina?..
¿Está Juan en la escalera?..
¿Está Carmen en el cuarto de baño?.......................................
¿Dónde hay libros?...
Y la cama, ¿dónde está?...

Solucion

1. Carmen está en la cocina.
2. Juan está en el cuarto de baño.
3. No: la cama está en el dormitorio.
4. Carmen.
5. No: Juan no está en la escalera.
6. No: Carmen no está en el cuarto de baño.
7. Hay libros en el cuarto de estar.
8. La cama está en el dormitorio.

PASATIEMPO II

CRUZANDO AMERICA

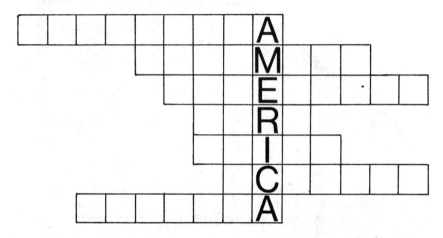

Tienes que utilizar el nombre de siete países de América del Sur cruzando la palabra AMERICA.
¿Qué países son?

1. ....
2. ....
3. ....
4. ....
5. ....
6. ....
7. ....

Solución

1. Argentina.
2. Colombia.
3. Venezuela.
4. Perú.
5. Chile.
6. Ecuador.
7. Bolivia.

36

¿QUE DICEN O QUE PIENSAN?

¿Quién dice o piensa estas frases?

—Ya es la hora de ir a casa.
—¿Qué quieren estos niños?
—Es la una y media.
—¿Qué hora es, por favor?

Solución

El niño más alto : Ya es la hora de ir a casa.
El niño pequeño : ¿Qué hora es, por favor?
El señor sentado : Es la una y media.
El Guardia : ¿Qué quieren estos niños?

¿CUANDO LLEGARA EL TREN A PARIS?

Hoy es martes.
El tren sale mañana por la tarde.
El viaje de Madrid a París es menos de un día.
Se necesitan solamente unas 15 horas.
¿Cuándo llegará el tren a París?

Solución

El miércoles por la mañana.

¿CUÁNTO DINERO HAY?

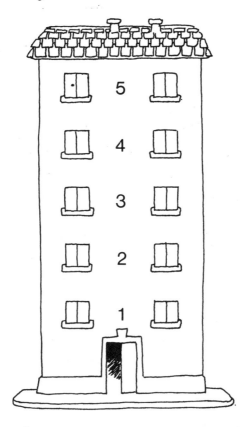

La casa tiene cinco pisos.
En cada piso vive una familia.
Cada familia son cuatro personas.
Cada persona tiene 1.000 ptas.
¿Cuánto dinero hay en la casa?

Solución

En la casa hay veinte mil pesetas.

¿DE QUIEN ES?

¿De quién es el sombrero que tiene Roberto?
El sombrero que tiene Roberto es de Susana.

¿De quién son los zapatos que tiene Susana?
....

¿De quién es la cartera que tiene el Sr. Rodríguez?
....

¿De quién es el abrigo que tiene Roberto?
....

¿De quién es el bolso que tiene el Sr. Rodríguez?
....

¿De quién es el sombrero que tiene Susana?
....

Solución

1. El sombrero que tiene Roberto es de Susana.
2. Los zapatos que tiene Susana son del Sr. Rodríguez.
3. La cartera que tiene el Sr. Rodríguez es de Roberto.
4. El abrigo que tiene Roberto es del Sr. Rodríguez.
5. El bolso que tiene el Sr. Rodríguez es de Susana.
6. El sombrero que tiene Susana es del Sr. Rodríguez.

UNA CAJA CON NARANJAS

Un hombre que va por la calle se encuentra con cinco amigos. El hombre lleva una caja con cinco naranjas. ¿Cómo es posible dar una naranja a cada uno de los amigos y tener todavía una naranja en la caja?

Solución

Es posible sí, después de dar cuatro naranjas a los cuatro primeros amigos, le da la quinta naranja al último amigo incluso con la caja.

Famosa obra musical de Beethoven.

Solución

La quinta sinfonía.

A	T	R	A	C	E	P	L
D	C	G	H	N	Q	A	I
I	A	V	I	O	N	J	B
S	S	E	W	L	L	A	R
C	A	S	C	A	B	R	O
O	C	R	A	B	Y	O	Z
O	C	A	M	S	O	L	U
G	A	F	A	S	H	O	Z

Hay que leer en horizontal, en vertical, en diagonal, de arriba abajo o de abajo arriba el nombre de las cosas dibujadas. ¿Cuánto tiempo vas a tardar en hacerlo?

Solución

43

DE EXCURSION

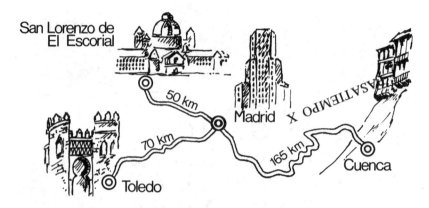

Enrique y Julia van a El Escorial en moto a 40 Km/h.
El Sr. Pizarro y su mujer van en coche a 80 Km/h. y se dirigen a Cuenca.
Joaquín y Marta van a Toledo a 100 Km/h.
Todos salen de Madrid a las 10 de la mañana.

¿A qué hora van a llegar Joaquín y Marta a Toledo?...........................
Los españoles comen generalmente a las 2 de la tarde. ¿Llegarán el Sr. Pizarro y su mujer a buena hora para comer?....................................
¿Quién llegará antes, Joaquín o Enrique?.....................................
Si los Sres. Pizarro salen de nuevo para Madrid tres horas después de llegar a Cuenca, ¿a qué hora llegarán a su casa?....................................
El domingo próximo Enrique y Julia piensan ir a Toledo y Joaquín y Marta a Cuenca. Si van a la misma velocidad que hoy, ¿quién llegará primero?
....

Solución

1. A las 10,42 h.
2. Sí. Llegarán poco más de las 12.
3. Joaquín.
4. A las 5,45.
5. Joaquín y Marta.

¡ES MUY FACIL!

DIA

Estas cuatro palabras que debes poner arriba son casi iguales. Sólo cambia la tercera letra.

¿Sabes cuáles son estas palabras?

Las cuatro palabras de debajo son también casi iguales. Sólo cambia la primera letra.

La primera palabra es el día en que vivimos; la segunda es del verbo **ser**; la tercera, del verbo **dar**, y la cuarta, del verbo **ir.**

Soluciones

V	O	Y	C	A	J	A
V	O	D	C	A	M	A
V	O	S	C	A	R	A
V	O	H	C	A	S	A

EN CORREOS

En la oficina de Correos hay algunas personas. En este dibujo todas las personas piensan o dicen alguna cosa. ¿Quién piensa o dice estas frases?

1. ¿Cuánto cuesta un sello para esta carta?
2. Y ahora que tengo los sellos me voy a casa a escribir la carta.
3. No, señor; pero puedo darle dos de cinco pesetas.
4. ¿Qué quieres?
5. Señorita, por favor: ¿Tiene Vd. un sello de diez pesetas?
6. No, señora; esto no es el banco. Es la Oficina de Correos.

Soluciones

1. El niño.
2. La señora que sale.
3. La empleada.
4. El empleado que habla con el niño.
5. El señor del sombrero.
6. El empleado que habla por teléfono.

CAPITALES

Hay que poner en estos cuadros horizontales los nombres de algunas capitales de América. Corresponden a estos países. ¿Sabes cuáles son?
Argentina.
Honduras.
Chile.
Colombia.
Ecuador.
Méjico.
Paraguay.
Perú.
Venezuela.

Soluciones

1. Méjico.
2. Caracas.
3. Tegucigalpa.
4. Quito.
5. Bogotá.
6. Santiago.
7. Lima.
8. Buenos Aires.
9. Asunción.

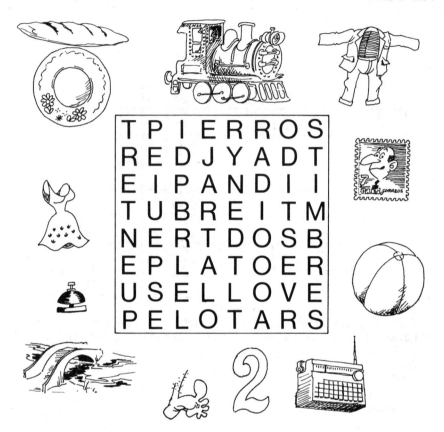

```
T P I E R R O S
R E D J Y A D T
E I P A N D I I
T U B R E I T M
N E R T D O S B
E P L A T O E R
U S E L L O V E
P E L O T A R S
```

Hay que leer en horizontal, en vertical, en diagonal, de arriba abajo o de abajo arriba el nombre de las cosas dibujadas. ¿Cuánto tiempo vas a necesitar para hacerlo?

Solución

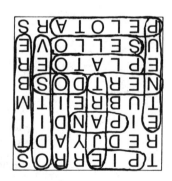

LETRAS QUE SE ESCAPAN

Estas seis letras se han escapado de las palabras: D J M R S Z. ¿Puedes ponerlas en el lugar que les corresponde en cada palabra?

1. Yo duermo en mi CA   A.
2. Tú vives en tu CA   A.
3. El cazador CA   A.
4. La CA   A está en la cabeza.
5. Yo guardo el dinero en una CA   A.
6. Hay una contestación para CA   A pregunta.

Solución

1. Cama. 2. Casa. 3. Caza.
4. Cara. 5. Caja. 6. Cada.

BAILE DE PALABRAS

Las frases que están escritas a continuación son un poco extrañas, ¿verdad? Están escritas sin orden. ¿Sabes escribirlas bien? La última frase puede escribirse de dos formas diferentes.

1. COLOR BICICLETA DE UNA TENGO YO VERDE.
2. MUY CHICA ES LUISA UNA SIMPATICA.
3. CONOCER OTROS YO PAISES QUIERO.
4. YO MAS CORRE ANTONIO QUE.
5. MIS CAMPO VOY AMIGOS CON YO AL.

Solución

Yo tengo una bicicleta de color verde.
Luisa es una chica muy simpática.
Yo quiero conocer otros países.
Antonio corre más que yo.
Yo voy al campo con mis amigos.

EL ESPAÑOL

Muchos países de América hablan el mismo idioma que España, es decir, el español.

¿Sabes escribir el nombre de estos países? Todos están en América del Norte, en América del Centro y en América del Sur.

Solución

		Perú.	
		Cuba.	Santo Domingo.
Bolivia.	Costa Rica.	Nicaragua.	Honduras.
México.	Venezuela.	Chile.	Argentina.
ESPAÑA	Uruguay.	Paraguay.	Panamá.
El Salvador.	Guatemala.	Colombia.	Ecuador.

PAISES Y MAPAS

Este año vamos a hacer un viaje desde Madrid para visitar algunos países de América. Aquí tenemos los mapas de España y de los países americanos. Las capitales de todos ellos son:

Buenos Aires.   Madrid.   México.   Bogotá.
Santiago.   Brasilia.   Lima.   La Paz.

¿Sabes a qué país corresponden estas capitales? Escribe debajo de cada mapa el nombre del país y su capital.

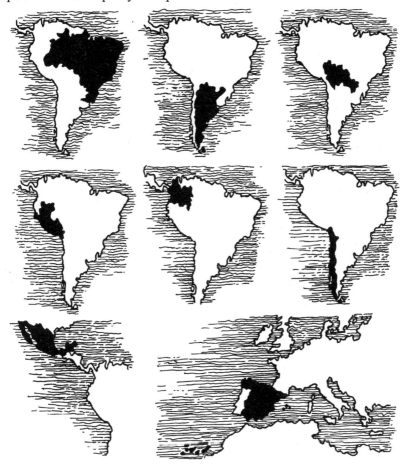

Solución

Bolivia (La Paz).   México (México).   Perú (Lima).   España (Madrid).
Brasil (Brasilia).   Colombia (Bogotá).   Argentina (Buenos Aires).   Chile (Santiago).

EL SALTO DEL CABALLO

En el juego del ajedrez el caballo siempre anda saltando dos cuadros horizontales o verticales y uno diagonal. Si en los cuadros de este dibujo empezamos a saltar de la misma forma que un caballo de ajedrez a partir del cuadro 1, podremos construir una frase que quiere decir, más o menos, que sabiendo como son sus amigos, podemos saber cómo es la persona.

RE	QUI	DI
CON	E	DAS	DI
QUI	TE	ME	EN
RES	AN	EN	Y

Solución

Dime con quién andas y te diré quién eres.

LAS DOS FRASES

Aquí hay treinta sílabas. Con catorce de ellas puedes formar una frase y con las otras dieciséis puedes formar otra. ¿Sabes hacerlas?

LA PE CA DRO LLE DON VA DE YO AL VI CI NE VO TO ES
DO DOS LAR LOS GA MIN Y GOS POR AN CHA LA TAR DE.

Solución

Pedro va al cine todos los domingos por la tarde.
La calle donde yo vivo es larga y ancha.

PASATIEMPO XXI

Aquí tenemos cuatro figuras iguales hechas con palitos. Si quitamos siete palitos podemos leer el nombre de un país de América.

¿Sabes cuál es? Y si sólo quitamos seis de estos palitos podemos leer el nombre de otro país. ¿Cuál es?

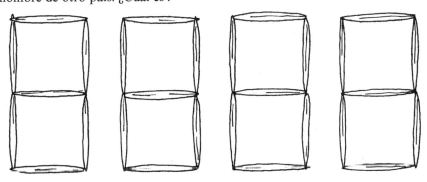

Solución

Perú.
Cuba.

¡ORDEN, POR FAVOR!

Aquí hay cuatro cosas que se pueden comer y cuatro que se pueden beber. Podemos viajar de cuatro formas diferentes y leer cuatro cosas también diferentes. Y por último, hay cuatro juegos para jugar y cuatro cosas que podemos ser. Pero... estas 24 palabras están mezcladas. ¿Sabes ponerlas bien, en su sitio?

SE PUEDE COMER

Periódico ....
Avión.......................................
Feliz ....
Ajedrez ....

SE PUEDE JUGAR AL

Pan ....
Carta.......................................
Agua.......................................
Amable...................................

SE PUEDE LEER UN/UNA

Vino ....
Honrado..................................
Tren ....
Pescado ....

SE PUEDE VIAJAR EN

Jugo de naranja ....
Poesía ....
Fruta.......................................
Rugby ....

SE PUEDE BEBER

Coche......................................
Tenis ....
Simpático ....
Libro ....

SE PUEDE SER

Fútbol ....
Cerveza...................................
Barco.......................................
Ensalada ....

Solución

Se puede viajar en: Avión. Tren. Coche. Barco.

Se puede ser: Feliz. Honrado. Simpático. Amable.

Se puede beber: Vino. Agua. Jugo de naranja. Cerveza.

Se puede jugar al: Ajedrez. Tenis. Rugby. Fútbol.

Se puede comer: Pescado. Pan. Fruta. Ensalada.

Se puede leer un/una: Periódico. Carta. Poesía. Libro.

Aquí hay dos frases, de ocho palabras cada una. Hay que poner en orden los cuadros para formar las frases. ¿En cuánto tiempo puedes hacerlo?

Solución

2. María lee un libro sentada en su habitación.
1. Juan fuma su pipa de pie en la calle.

55

CRUCIGRAMA

Horizontales

1. Cuando no hay nadie estamos...
2. Al revés, tierra que está en medio del mar.
3. Hermano de Caín. Vocal.
4. Alguna cosa. Consonante.
5. Así acaba María. Consonante.
6. Va del cuerpo a la mano.

Verticales

1. Consonante. Dos veces la misma vocal.
2. Al revés, ciudad que está en el norte de España.
3. Lo contrario de marcharse.
4. Capital de Noruega. Vocal.
5. Afirmación. La última letra del alfabeto.
6. Uno más.

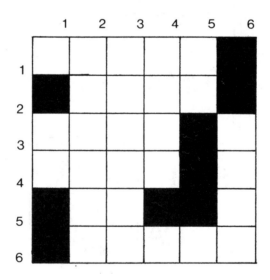

Solución

Horizontales

1. Solos.
2. Isla.
3. Abel. O.
4. Algo. T.
5. IA. R
6. Brazo.

Verticales

1. S. AA
2. Oabib (Bilbao).
3. Llegar.
4. Oslo. A
5. Sí. Z
6. Otro.

1 P
2 A
3 S
4 A
5 T
6 I
7 E
8 M
9 P
10 O

¿Sabes encontrar la palabra necesaria en cada número?

1. Nombre de letra.
2. Nombre de mujer.
3. Unico.
4. Ni antes ni después.
5. No está alegre.

6. Los mismos.
7. Están en un hospital.
8. Chicos.
9. Los compramos para conocer las noticias.
10. Es necesario.

Solución

10. Obligatorio.
9. Periódicos.
8. Muchachos.
7. Enfermos.
6. Iguales.

5. Triste.
4. Ahora.
3. Solo.
2. Ana.
1. Pe.

PASATIEMPO XXVI

¡VAMOS A VIAJAR!

Alfredo, Roberto, Susana, Ernesto y Elena son unos jóvenes que viven en cinco ciudades españolas diferentes: Alfredo, en Salamanca; Roberto, en San Sebastián; Susana, en Cádiz; Elena, en Palma de Mallorca, y Ernesto, en Madrid. Todos van a hacer un viaje. Uno quiere ir a París, otro a Lisboa, otro a Nueva York, otro a Las Palmas de Gran Canaria y otro a El Escorial. Pero no sabemos quien quiere ir a cada uno de estos sitios. Sólo sabemos el tiempo que tardará cada uno y como van: en tren, en avión, etc.

¿Quieres ayudarnos a saber dónde va cada uno de ellos?

1. Alfredo viaja en coche y tarda 6 horas en llegar. ¿A dónde va? ....
    ....
2. Roberto va en tren y, después de 6 horas de viaje, llega a ....
    ....
3. A Susana le gusta mucho el mar. Por eso se monta en un barco, en Cádiz, donde vive siempre, pasa en él día y medio y llega a ....
    ....
4. ¿A qué ciudad llegará Elena después de volar 8 horas y de hacer una corta parada en Madrid? ....
5. Ernesto sale de Madrid montado en bicicleta y pasa 2 horas en la carretera antes de llegar a ....

Solución

1. Lisboa.
2. París.
3. Las Palmas de Gran Canaria.
4. Nueva York.
5. El Escorial.

FECHAS Y EDADES

Antonio y Rosalía se casaron el 13 de enero de 1980. A los dos años menos un mes tuvieron el primer hijo, que se llama Felipe. Roberto y Amalia son amigos de Antonio. Se casaron un año después que él y su primer hijo, José, nació después de 18 meses de casados.

Antonio tiene ahora 25 años más que su hijo y 3 más que su mujer.

Amalia tiene la misma edad que su marido. Y Roberto tiene 2 años más que Rosalía, la mujer de su amigo Antonio.

1. ¿Cuántos años tiene Felipe en 1985? ....
2. ¿Quién es mayor, Amalia o Antonio? ....
3. ¿Cuántos años tiene Roberto en 1985? ....
4. ¿Quién nació antes, Felipe o José? ....
5. ¿Tiene Antonio 38 años en 1985? ....
6. ¿A qué edad se casó Amalia? ....
7. ¿Cuándo cumplirá Felipe 20 años? ....
8. ¿Y José? ....

Solución

8. En julio del año 2002.
7. En diciembre del año 2001.
6. 23 años.
5. 29 años.
4. Felipe.
3. 28 años.
2. Antonio.
1. 4 años.

CRUCIGRAMA

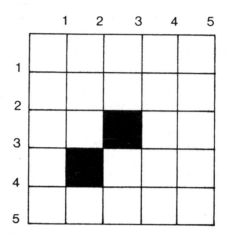

Horizontales

1. Parte de la calle por donde va la gente a pie.
2. Al revés, comer de noche.
3. Preposición. Nota musical.
4. Vocal. Artículo plural.
5. Lo contrario de arriba.

Verticales

1. Se quemaba.
2. Va de arriba abajo. Consonante.
3. Preposición. Artículo.
4. Indica la hora.
5. Quizás.

Solución

Verticales
1. Ardía.
2. Cae. B.
3. En. La
4. Reloj.
5. Acaso.

Horizontales
1. Acera.
2. Ranec.
3. De. La.
4. I. Los.
5. Abajo.

FRASES LOCAS

Yo digo buenos días	cuando me voy a la cama.
Estoy muy cansado	y sale el sol.
Es por la mañana	en una casa nueva.
Desde el año pasado vivo	si es por la mañana.
El padre de Alicia	tiene siete años.
El perro de mi amigo	es médico.

¿Quién puede haber escrito estas frases tan extrañas?

¿Sabes colocar bien las seis frases de la derecha detrás de las seis frases de la izquierda?

Solución

Yo digo buenos días si es por la mañana.
Estoy muy cansado cuando me voy a la cama.
Es por la mañana y sale el sol.
Desde el año pasado vivo en una casa nueva.
El padre de Alicia es médico.
El perro de mi amigo tiene siete años.

TRENES

Un tren muy rápido sale de Madrid a las 9 de la mañana. Va a Barcelona a 180 kilómetros por hora. Al mismo tiempo, sale de Barcelona otro tren muy lento, que va a 60 kilómetros por hora. A las 11,30 los dos trenes se encuentran y se cruzan. ¿Cuál de los dos está entonces más cerca de Madrid?

Solución

Naturalmente, si se encuentran y se cruzan es porque los dos están a la misma distancia de Madrid. Y de Barcelona también.